Inhalt

Luftverkehr - steigende Passagierzahlen und Finanzprobleme

Kernthesen

Beitrag

Fallbeispiele

Zahlen und Fakten

Weiterführende Literatur

Impressum

GENIOS BranchenWissen Nr. 07 vom 28.07.2011

Luftverkehr - steigende Passagierzahlen und Finanzprobleme

I.Zeilhofer-Ficker

Kernthesen

- 2,97 Millionen Flugbewegungen wurden im Jahr 2010 von der Deutschen Flugsicherung DFS kontrolliert.
- 166 Millionen Passagiere wurden auf Deutschlands Flughäfen abgefertigt.
- Weltweit erwirtschafteten die Fluggesellschaften Gewinne von rund 18 Milliarden US Dollar; in diesem Jahr erwartet man aufgrund der hohen Treibstoffpreise allerdings nur noch vier Milliarden Dollar.
- Die Lufthansa verdiente 2010 gut - der Vorsteuergewinn belief sich auf rund 876

Millionen Euro. Air Berlin dagegen, zweitgrößte deutsche Airline, schreibt trotz mehr Fluggästen weiterhin rote Zahlen.

Beitrag

Die Zahlen

36,8 Millionen Flüge wurden 2010 weltweit durchgeführt, 2,4 Milliarden Passagiere abgefertigt. Die Fluggesellschaften konnten damit Gewinne von insgesamt rund 18 Milliarden Dollar erzielen. Fast 600 Milliarden US Dollar Umsatz, 4,4 Prozent mehr Passagiere und 5,5 Prozent höhere Frachtmengen erwartet die IATA für das Jahr 2011. Vor allem der Nahe Osten, Asien, Lateinamerika und Afrika boomen. Bei Treibstoffpreisen von weit über 100 US Dollar pro Barrel kann die Branche aber nur noch mit einer Gewinnmarge von etwa 0,7 Prozent rechnen. Nach einem sehr Gewinn trächtigen letzten Jahr dürften im laufenden Jahr deshalb kaum mehr als vier Milliarden Dollar Profite zu erwarten sein. Denn höhere Kosten können aufgrund des hohen Wettbewerbsdrucks nicht einfach in höhere Preise umgesetzt werden. (1), (2), (5)

Trotz tagelanger Flughafenstilllegungen aufgrund der

Aschewolke aus Island und vieler wetterbedingter Flugausfälle im Dezember wurden 2010 166 Millionen Passagiere und 4,1 Millionen Tonnen Fracht an Deutschlands Flughäfen abgefertigt. Dieser Rekordwert ist vor allem dem Einsatz von größerem Fluggerät und einer besseren Auslastung geschuldet. Denn mit 2,97 Millionen wurde der Spitzenwert für Flugbewegungen von 3,15 Millionen aus dem Jahr 2008 knapp verfehlt. Diesen Rekord hofft man nun im laufenden Jahr zu knacken. (3)

Mehr als ein Drittel (35,6 Prozent) des von der Deutschen Flugsicherung DFS kontrollierten Verkehrsaufkommens sind Überflüge, die im Vergleich zu 2009 um 3,9 Prozent zunahmen. Die innerdeutschen Flüge verringerten sich um 2,3 Prozent, Flüge ins Ausland stiegen um 0,9 Prozent an. Frankfurt bleibt mit rund 464 000 Starts- und Landungen größter deutscher Flughafen, München liegt mit 386 000 auf Platz zwei vor Düsseldorf mit 214 000 Starts und Landungen. Allerdings dürfte Berlin künftig diesen Platz übernehmen, sobald alle Flugbewegungen von Tegel und Schönefeld (insgesamt 218 000) auf den künftigen Hauptstadtflughafen Berlin-Brandenburg International zusammengelegt werden. Der Anteil von Billigflug-Tickets legte weiter zu - fast 27 Prozent des Flugverkehrs in Deutschland werden nun bereits von Ryanair, Easyjet und Co. ausgeführt. (3), (4),

[Abb. 1]

Angst vor dem Fliegen braucht man auch weiterhin nicht zu haben. Im Jahr 2010 kamen weltweit bei 94 Unfällen in der zivilen Luftfahrt 786 Menschen ums Leben. Zum Vergleich: Alleine in Deutschland starben im Straßenverkehr im gleichen Zeitraum über 3 700 Personen. Und Europa gehört mit Nordamerika zu den sichersten Luftfahrtregionen überhaupt. Die meisten Unfälle, 23 Prozent, passieren nach wie vor in Afrika, obwohl hier nur zwei Prozent des Flugverkehrs abgewickelt werden. (5)

Als normales Jahr geht 2011 sicher nicht in die Geschichte der Luftfahrt ein. Die Unruhen in Nordafrika drücken die Zahlen für touristische Flüge in die wichtigen Urlaubsgebiete in Ägypten, Tunesien und Marokko. Tsunami und Atomunfall sind Ursache für die eingebrochenen Passagierzahlen von und nach Japan. Eine Erholung ist nur sehr langsam erkennbar. (6)

Doch insgesamt steigen die Passagierzahlen wieder. Auch die hochprofitablen Sitze in der Business-Klasse lassen sich - zumindest für die Langstrecke - wieder besser verkaufen. So stieg der Anteil von Geschäftsreisen in der Business-Klasse von 38 auf 42 Prozent. Auf der Langstrecke, wohl gemerkt. Im innereuropäischen/innerdeutschen Verkehr ist die Business-Klasse kaum noch gefragt, neunzig Prozent dieser Flüge werden in der Economy-Klasse gebucht.

Auch der weiter steigende Anteil von Billigflieger-Geschäft macht den etablierten Netzcarriern zu schaffen und drückt die Preise. Denn um mithalten zu können, müssen immer wieder Sonderpreisaktionen durchgeführt werden. (6), (7)

Die Fluggesellschaften

Nur wenige Fluggesellschaften verdienen wirklich Geld, viele hängen nach wie vor am staatlichen Tropf oder suchen Hände ringend nach finanzstarken Investoren. Vor allem in Europa ist nicht mehr viel Gewinn zu machen; 1,1 Prozent Gewinnmarge ist die Prognose der IATA. Der hohe Kerosinpreis lässt die Kosten explodieren, die zum Januar 2011 in Kraft getretene Luftverkehrssteuer treibt die Preise für innerdeutsche/innereuropäische Flüge in die Höhe. Und die Gäste ins Auto. Die traditionellen Liniengesellschaften verlieren einerseits an die Billigflieger, andererseits an die finanzstarken Konkurrenten aus der Golfregion jede Menge Passagiere. Und auch Unruhen und Naturkatastrophen drücken das Geschäft. (8)

Deutsche Lufthansa

Relativ gut geht es dabei noch der Deutschen Lufthansa, die im Jahr 2010 58,8 Millionen Passagiere beförderte und damit auf Rang 6 im weltweiten

Ranking landete. Die meisten Gäste zählte Delta Airlines mit 111 Millionen. Addiert man die zum Konzern gehörenden Airlines Swiss, Austrian und Germanwings dazu, so summieren sich die Passagierzahlen gar auf 91,2 Millionen, die mit den 710 Flugzeugen der Gruppe befördert wurden. 27,2 Milliarden Euro Umsatz erwirtschaftete der Lufthansa-Konzern damit im vergangenen Jahr, 876 Millionen Euro Vorsteuergewinn erhöhten sich auf 1,13 Milliarden Euro Konzernergebnis aufgrund einer Steuergutschrift. Im operativen Geschäft profitabel wirtschafteten aber nur die Swiss (298 Millionen Euro) und die Lufthansa Passage (383 Millionen Euro), die Austrian kam auf ein Defizit von 66 Millionen Euro, Germanwings verbuchte weitere 39 Millionen Euro Verlust. (8), (9)

Während sich die Swiss nach Ihrer Übernahme vor fünf Jahren zum Vorzeigeobjekt des Lufthansakonzerns entwickelt hat (Übernahmekosten 270 Millionen Euro, operatives Ergebnis der Swiss 2010 allein 298 Millionen Euro) kommen die Sanierungen der Austrian Airlines und auch der britischen BMI nur sehr zögerlich voran. Obwohl Personal abgebaut, Maschinen stillgelegt und das Reisebudget halbiert wurde, liegt das Erreichen der Gewinnschwelle noch lange nicht in Sicht. Lufthansa Italia, ein weiterer Verlustbringer, wird zum 1. Oktober 2011 eingestellt, ebenso stoppt die Lufthansa den Service mit Privatjets. (8)

Das erste Quartal 2011 weist für die Lufthansa Passage einen Umsatz von 6,4 Milliarden Euro aus - ein Plus von 11,8 Prozent zum Vorjahreszeitraum. Der operative Verlust für dieses Quartal liegt bei 227 Millionen Euro, zwar ein Drittel weniger als im letzten Jahr, aber immer noch zu viel. Konzernchef Franz wird wohl auch weiterhin einen strikten Spar- und Konsolidierungskurs fahren. (8)

Air Berlin

Die richtige Strategie hat Air Berlin auch 2010 nicht gefunden. 97 Millionen Euro Verlust standen am Ende des Jahres in den Büchern, obwohl sich die Zahl der Passagiere auf 33,6 Millionen, der Umsatz sich auf 3,72 Milliarden Euro erhöht hatte. Aschewolke, Winterproblem, Luftverkehrsabgabe und Streiks in Spanien haben das Jahresergebnis vermiest. Und auch 2011 sieht es noch nicht besser aus. Im ersten Quartal stieg die Passagierzahl zwar um 1,9 Prozent auf 6,9 Millionen und auch der Umsatz legte um 8,8 Prozent auf 751 Millionen Euro zu. Das Ergebnis vor Steuern und Abschreibungen verschlechterte sich aber auf -25,7 Millionen Euro. Der Grund hierfür: Unruhen in Nordafrika und der hohe Treibstoffpreis. (10)

Mehr Langstrecke soll nun Profite bringen, so der Plan von Unternehmenschef Hunold. Erst kürzlich wurde die Strecke Berlin - New York ins Programm genommen. Zusätzliche Verkaufschancen rechnet sich Air Berlin durch die für das Jahr 2012 geplante Vollmitgliedschaft bei der Oneworld-Allianz aus. Die Zusammenarbeit mit British Airways und American Airlines hat bereits begonnen und auch mit der spanischen Iberia und der Finnair gibt es ein Codeshare-Abkommen. Der neue Berliner Flughafen soll zum Drehkreuz für interkontinentale Flüge nach Amerika und Asien ausgebaut werden. Komfortablere Sitze in der Langstreckenflotte sowie eine eigene Business-Class-Lounge in Berlin sollen das Air-Berlin-Produkt für Geschäftsreisende interessanter machen. (11)

Bedrohung durch Golf-Staaten-Airlines

Auch 2011 ging die Auszeichnung beste Fluggesellschaft der Welt wieder an eine Airline aus den Golf-Staaten: diesmal durfte sich Qatar über den Preis freuen. Aber auch Etihad und Emirates landeten wieder unter den besten Zehn. Doch nicht nur wegen des exzellenten Services sind die Fluggesellschaften vom Golf beim deutschen Fluggast beliebt, die Preise sind meist konkurrenzlos günstig, das Fluggerät entspricht modernsten Standards und die Umsteigezeiten an den Drehkreuzen für Langstreckenreisende mit Ziel Afrika, Indien oder Australien optimal. Und die Airlines expandieren aggressiv. (12)

Die Kapazität an den Flughäfen Dubai oder Abu Dhabi ist vorhanden, fabrikneue Langstreckenjets - häufig der beliebte Airbus A 380 - werden fast schon im Wochenrhythmus übergeben. Der Umsatz von Emirates summierte sich so im Jahr 2010 schon auf 11,8 Milliarden Euro bei 31,4 Millionen Passagieren. Dies bescherte den Scheichs in Dubai einen Gewinn von 1,6 Milliarden Dollar, mehr als fünfzig Prozent plus zum Vorjahr. Mit 148 Langstreckenjets besitzt Emirates nun schon mehr als die Lufthansa und bis 2020 soll die Langstreckenflotte 400 Jets zählen. Etihad und Qatar agieren ähnlich, denn (Öl)-Geld ist reichlich vorhanden. Die Bedrohung für Lufthansa, Air Berlin und Co. wächst rasant. (12), (13)

Die Flughäfen

Deutschlands größter Flughafen Frankfurt Rhein-Main feiert in diesem Jahr seinen 75. Geburtstag. Mit 53 Millionen Passagieren im Jahr 2010 bleibt Frankfurt Europas drittgrößter Flughafen nach London und Paris, die Nummer 9 weltweit. Und es sollen noch mehr Passagiere werden. Im Oktober 2011 soll endlich die umstrittene vierte Startbahn in Betrieb gehen, die die Kapazität von 80 Starts- und Landungen pro Stunde auf erst einmal 90, später 120 Flugbewegungen erhöhen wird. Ein drittes Terminal, das die Abfertigungskapazität auf 81 Millionen

Passagiere im Jahr erhöhen wird, soll ab 2013 gebaut werden. Vorerst wird ein Anbau zum Terminal 1 für zusätzliche Kapazitäten sorgen. Das Terminal A+ bietet elf Gates, fünf Lounges und 10 000 Quadratmeter Verkaufsfläche für Fluggäste. Mit 71 000 Arbeitsplätzen und ein jährliches Investitionsvolumen von mehreren Hundert Millionen Euro ist der Flughafen Frankfurt ein nicht zu unterschätzender Wirtschaftsfaktor für die Region. (14), [Abb. 1]

Auch in München wird gebaut. Das Satelliten-Terminal zum Terminal 2 soll weitere elf Millionen Passagiere abfertigen können. 35 Millionen Passagiere waren es 2010, ein Plus von sechs Prozent zum Vorjahr. Und auch 2011 steigt die Zahl weiter - im ersten Halbjahr wurden fast 18 Millionen Fluggäste betreut - über 13 Prozent mehr als im Vorjahreszeitraum. Da aber die Flugbewegungen mit 202 000 immer noch nicht den Rekordwert von 2008 (216 000) erreicht haben, geht die Kritik am Ausbau des Flughafens München, vor allem an der Planung einer dritten Startbahn, weiter. Eine Milliarde Euro soll die Startbahn kosten, die Baugenehmigung wird trotz 85 000 Einwendungen für den Sommer 2011 erwartet. Damit will der Flughafen, der 2010 einen Rekordgewinn von 125 Millionen Euro erwirtschaftete, seine Position als siebtgrößter Flughafen Europas weiter sichern. Impulse dürften auch von der Stationierung des ersten A 380 der Emirates Airlines ab Januar 2012 zu erwarten sein. (15), [Abb. 1]

Die größte Flughafen-Baustelle Deutschlands - Berlin-Brandenburg-International - nähert sich langsam der Vollendung. Zwar wurde der Eröffnungstermin vom Herbst diesen Jahres auf den Juni 2012 verschoben, doch wird der Probebetrieb bereits im November gestartet. 22 Millionen Passagiere pro Jahr erwartet man für den Anfang, Kapazität ist aber für 27 Millionen Passagiere gegeben. Durch weiteren Ausbau kann bis auf 45 Millionen Gäste erweitert werden. Vor allem Air Berlin, Germanwings und Easyjet sind stark am Berliner Flughafen vertreten, Interesse an weiteren Slots haben, wen wunderts, die Golfstaaten-Airlines angemeldet. (16), [Abb. 1]

Trends

Umweltschutz und Emissionshandel

Nach wie vor gelten Flugreisen als besonders umweltschädlich. In Europa wird man die Airlines deshalb ab 2012 in den Emissionshandel einbeziehen. Das heißt, die Fluggesellschaften müssen für jeden Flug ab oder nach Europa entsprechend dem CO_2-Ausstoß Emissionszertifikate vorweisen. Da die kostenlose Zuteilungen von Zertifikaten nur sechzig Prozent des Bedarfs abdecken wird, rechnet die Branche mit 1,2 Milliarden Euro zusätzliche Kosten. Der US-Luftfahrtverband hat nun am Europäischen Gerichtshof gegen den Emissionszertifikate-Zwang geklagt. Die Klage geht davon aus, dass damit gegen das Open-Skies-Abkommen verstoßen würde. (17)

Es herrscht also ein immenser Druck auf den Airlines, künftig weniger CO_2 auszustoßen. Modernere Triebwerke verbrauchen weniger Kerosin, Biofuel wird als Ersatztreibstoff getestet. Biosynthetische Kraftstoffe können laut einer Studie 35 bis 80 Prozent des Kohlendioxidausstoßes einsparen. Doch auch mit optimaler Streckenführung können Treibstoffverbrauch und damit CO_2-Emissionen reduziert werden. Die Branche arbeitet mit Hochdruck an Lösungen. (17), (18)

Fallbeispiele

Beteiligte aus 16 Staaten investieren insgesamt 1,6 Milliarden Euro in das europäische Luftfahrtforschungsprogramm Clean Sky. Ziel ist die Verringerung des CO_2-Ausstoßes des Luftverkehrs, das vor allem durch die Beimengung von synthetischem Biofuel zum Kerosin erreicht werden soll. Seit Juli 2011 fliegt die Lufthansa die Strecke Hamburg - Frankfurt mit einer A321, die zur Hälfte mit biosynthetischem Treibstoff betankt wird. Dieser bisher umfangreichste und längste Test soll beweisen, dass Biofuel als Alternative zu Mineralölen durchaus eingesetzt werden kann. Neben den Umweltvorteilen sieht man damit auch finanzielle Vorteile: die Abhängigkeit vom Rohölpreis würde verringert. (17), (18)

Zahlen & Fakten

Abbildung 1: Die größten Flughäfen Deutschlands

Die größten Flughäfen Deutschlands nach Passagieraufkommen	
Flughafen	**Passagiere 2010 in Millionen**
Frankfurt/Main	52,64
München	34,52
Düsseldorf	18,91
Berlin Tegel*	14,97
Hamburg	12,88
Köln/Bonn	9,79
Stuttgart	9,14
(*Berlin Schönefeld +7,25 Millionen)	

Quelle: Statistisches Bundesamt (Destatis)
Entnommen aus: Wirtschaft und Statistik, Mai 2011,
S. 459 (4)

Weiterführende Literatur

(1) Höhere Preise halten Passagiere am Boden
aus Nürnberger Zeitung vom 07.06.2011, S. 17

(2) Fluglinien erwarten deutlich weniger Gewinne
aus DVZ, Nr. 68 vom 07.06.2011

(3) INFO Flugsicherung: Deutschlandweiter Rekord
bei Flugpassagieren und Fracht
aus Nassauische Neue Presse vom 12.03.2011, Seite 2

(4) D: Flugverkehr aus ausgewählten Flugplätzen mit
Top 20 innerdeutsche Passagierflugstrecken und Top
20 ausländische Passagierflughäfen 2010
aus Statistisches Bundesamt, Wirtschaft und
Statistik, Mai 2011, S. 459

(5) IATA: 2010 niedrigste Unfallrate bei Flugzeugen
westlicher Bauart
aus sda - Schweizerische Depeschenagentur Deutsch
vom 23.02.2011

(6) Die goldenen Zeiten sind vorbei

aus WirtschaftsWoche online vom 20110606, 11:52:57

(7) Die Rückkehr der Firmenkunden
aus fvw Nr. 05 vom 03.03.2011 Seite 112

(8) Europas Airlines im Sinkflug
aus "News" Nr. 22/11 vom 01.06.2011 Seite: 66,67

(9) In großen Fußstapfen unterwegs
aus fvw Nr. 7 vom 01.04.2011 Seite 030

(10) Luftfahrtbranche droht der Sinkflug
aus fvw Nr. 7 vom 01.04.2011 Seite 030

(11) Der Ein-Mann-Konzern
aus fvw Nr. 6 vom 16.03.2011 Seite 032

(12) Das Drehkreuz der Welt
aus Frankfurter Allgemeine Zeitung, 18.05.2011, Nr. 115, S. 16

(13) Nahost-Konkurrenz fliegt Airlines um die Ohren
LUFTFAHRT Europäische Airlines brauchen Konzepte gegen die starke Konkurrenz aus Asien und der Golf-Region
aus WirtschaftsBlatt, 30.06.2011, Nr. 3892, S. 16

(14) Nr.4 zum Fünfundsiebzigsten
aus Frankfurter Allgemeine Zeitung, 25.06.2011, Nr. 145, S. B1

(15) Dritte Startbahn kostet eine Milliarde Euro
aus Frankfurter Allgemeine Zeitung, 25.06.2011, Nr. 145, S. B1

(16) Berlin-Getöse
aus fvw Nr. 12 vom 10.06.2011 Seite 016

(17) Luftfahrt auf der Suche nach CO_2-Reduktionspotenzialen
aus www.powernews.org Meldung vom 07.04.2011 - 11:21

(18) Biokraftstoffe für die Luftfahrt
aus VDI NR. 25 VOM 24.06.2011 SEITE 7

Impressum

Luftverkehr - steigende Passagierzahlen und Finanzprobleme

Bibliografische Information der deutschen Nationalbibliothek

Die Deutsche Nationalbibliothek verzeichnet diese Publikation in der deutschen Nationalbibliografie; detaillierte bibliografische Daten sind im Internet über http://dnb.d-nb.de abrufbar.

ISBN: 978-3-7379-2990-5

© 2015 GBI-Genios Deutsche Wirtschaftsdatenbank GmbH, Freischützstraße 96, 81927 München, www.genios.de

Alle Rechte vorbehalten. Dieses Werk ist einschließlich aller seiner Teile – z.B. Texte, Tabellen und Grafiken - urheberrechtlich geschützt. Jede Verwertung außerhalb der Grenzen des Urheberrechtsgesetzes bedarf der vorherigen Zustimmung des Verlags. Dies gilt insbesondere auch für auszugsweise Nachdrucke, fotomechanische

Vervielfältigungen (Fotokopie/Mikroskopie), Übersetzungen, Auswertungen durch Datenbanken oder ähnliche Einrichtungen und die Einspeicherung und Verarbeitung in elektronischen Systemen.